JN411271

푸른 거목에 피는 꽃들

심지시선 026

푸른 거목에 피는 꽃들

2014년 11월 19일 초판 1쇄 발행

지은이 오용균
펴낸이 윤영진
편 집 함순례
디자인 한천규 이경훈
펴낸곳 도서출판 심지
등록 제 253호
주소 300 -812 대전광역시 동구 대전로 867번길 46
전화 042 635 9942
팩스 042 635 9941
전자우편 simji42@hanmail.net

ISBN 978-89-6627-075-0 03810

심지시선 026

푸른 거목에 피는 꽃들

오용균 시집

심지

□ **시인의 말**

너무 오랫동안 글 밖에서 외유를 했다.

잃어버린 사랑을 다시 찾아 나서는 여정 속에서 지금까지 다소곳이 아름다운 사랑의 꽃을 피워주신 하나님과 그리운 어머님, 불편한 몸을 케어해 주고 있는 사랑하는 아내에게 이 시집을 안겨주고 싶다. 그리고 시집평론을 맡아 주신 김영호 문학평론가와 격려를 아끼지 않으신 한남대학교 김형태 총장님께 진심으로 감사드린다.

사랑하며 살기를 원하는 모든 독자와 더불어 나누고 싶다.

2014년 11월

서재에서 오용균

차례

제4부

제1부

아담과 하와

비가 오락가락 혼비한 날
주렁주렁 매달린 일들을
주섬주섬 바구니에 담아 넣은
궁핍함이 쌓여 갔지

탈무드는 말하고 있지
"여자를 만일 머리로 만들었다면
남자들의 꼭대기 위에 올라갔을 것이고
반대로 발 뼈로 만들었다면 발로 밟았을 것인즉
갈비뼈로 만들어져 여자가 남편의 가슴에 안기므로
평안을 누리도록 한 것 아닌지."

깨어지면 잘 붙지 않는 유리그릇 같은 여자
깨어지지 않도록 소중히 간직해야 할 당신
사는 것이 다 마음대로 되는 건 아니지만
끝이 보이지 않는 내일이 희망이라면
가슴을 열고 당신의 영혼이 되고 싶고

임의 속살까지 바람이 불어
내 영혼 깔끔이 씻어 주었으면 한다

푸른 거목에 피는 꽃들

빈손으로 달려 온 길
회색빛 겨울을 털어 버리고

사랑하는 이와
사랑을 받는 이와
서로 꿈을 주고받으며

서로 잘난 체 않으며
눈빛과 가슴으로
간절한 그리움을 주고받으며

과즙이 은밀히 배어가듯
아무것에도 매이지 않는 삶
당신은 정말 내가 사랑하는 임이다

찬바람 재우는 사계의 햇살에
유순하게 번지는 아침이 되면
당신에게 입 맞추리

푸른 거목에 천만송이 꽃들
피고 지고
가지마다 달린 우리의 사랑
아름답게 꽃 피우리

시련도 오늘은 축제
눈부신 기쁨으로 꽃 피우리

기다리는 마음

분명 올 듯한 기다림
전화기만 붙잡고
가물가물한 번호를 기억할 때

느닷없이 울려오는 전화벨소리
호흡을 멈추는 순간
음성소리는 내 것이 아닌 스팸이다

하루 종일 저당 잡힌
무거운 깃털 하나 꽂은 채
오늘도 이렇게 꼼짝없이
시간을 보낸다

세월의 끝자락에 매달려
네가 살아있음을 확인하면
참, 행복하구나!

라일락꽃

나무 몇 수
앞뜰에 심어 놓으니
꽃향기
하얀 달밤을 흔든다

내가 이리 살아 있구나

몸부림치는 한 그루의 영혼
견딜 수 없는 그리움
뼈마디가 부서지는 고통이
잠시 멈춘 순간

성큼,
계절을 뛰어 넘어
콧속에 스며드는
너의 향기

소망

나도 두 발로
산을 원 없이
오르고 싶다

나도 내 발로
작고 큰 길
가릴 것 없이
걷고 싶다

꽃들이 피어나는
방방곡곡
어디라도 당신과 함께
여행을 하고 싶다

지겨운 휠체어
당장 버리고
힘차게 걷고 싶다

내 마음의 고통과 아픔
다른 사람이 눈치 채지 않도록
누구든지 내 눈물 보이지 않도록
힘차게 비상하고 싶다

이 소원
긴긴밤 잠속에서
꿈으로 끝나지 않게 하소서

별을 담는 우체통

여명의 아침
붉게 타오르는
빨간 우체통

간이역 대합실 빈 의자에
아쉬움 묻고 떠나 온 뒷모습
흐르는 눈물을 옷깃으로 훔치며
몸을 달구었던
지난밤

너의 별이
나의 별이 되어 반짝이는
말없는 애달픔
문풍지 바람소리에
목이 탄다

매일 밤 수많은 별을 담아
내 가슴에 키워 온

붉은 편지 한 통
나를 보고 서 있다

시(詩) 한 구절에

시가 있어 시가 좋고
시가 있어 마음이 따뜻해서 좋고
시가 있어 가슴이 뚫려 피가 흐르게 하니 좋다

시를 읊으니 내 인격이 바로 세워지고
시를 읊으니 한여름 바람 같아 시원하고
시 한 구절 지으니 우뇌(憂惱)가 더욱 살아나 좋다

두보(杜甫)가 부럽지 않고,
황진이(黃眞伊)가 부럽지 않으니
시 한 구절에 가장 행복한 이 세상
어느 것도 시와 바꾸고 싶지 않다

가을 하늘

당신이 가시네
하얀 구름 한 조각 떼어다가
편지 속에 담아 보내고 싶은

당신이 가시네
아름다운 꽃구름 따다가
당신의 침실 벽에 걸어 놓고
그곳에 머물렀으면 싶은

당신이 가시네
가을 산언덕
당신의 동무 되어
함께 숨 쉬고 싶은

당신이 가시네
겨울은 낙엽 속에 묻어 두고
푸른 봄날 편지를 꺼내들고
미소 짓는 모습 보고 싶은

빈 그네

모든 것이 내 것인 양
발 구르며 하늘을 오르다가
딴 세상에 머무네

언제나 당신은 빈 그네처럼
흔들며 돌아가는 소용돌이

답답할 때
외롭고 힘들 때
내 곁에 당신이
당신이 있었는데

텅 빈 쇳소리가
하늘을 허우적거려도
세찬 바람이 불어와도
거기 머물러 있는
따뜻한 숨소리

멀어졌다가 되돌아오는
당신의 온기

소나기 오는 날

사랑할 틈도
외로울 틈도 없이
안개등을 켜놓은 채

당신을 기다리네
나 홀로 두고 외출한 당신
행여나, 전화기 앞에서
젖어 오는
걱정과 그리움

행복이 무엇인지 알겠네
잔주름 파인 눈가
사랑의 얼굴로 마주서기까지
얼마나 힘들며 아름다웠는지

나는 틀림없이 당신의 노예

긴 세월

오롯이 가슴을 적시며
당신을 기다리네

목련꽃

간밤의 비에
목련꽃이 팔십 노인처럼
빛이 바랬다

꽃과 잎은
같은 몸체에서 나왔어도
서로 얼굴조차 못 보고 떠난 자리에
이별의 쓰라림을 모른다

그것이 기쁨일까 행복일까
소임을 다하고 이지러진 꽃잎
잔영을 물고
푸르른, 잎 잎들이 차오르리라

'이루어질 수 없는 사랑'
꽃말이 옷고름 풀어 젖히고
젖꼭지를 물리는 아침
신비로운 아침이다

구절초

지나간 것에 마음 가듯
잠시 발걸음 멈추네

지난밤 못 다한 이야기들
임의 따듯한 말 한마디가
왜 그렇게 포근했던지

기억이 머물면 연락을 주고
사연이 남아 있으면
찾아오겠다던 기다림의 여운이
가을 풀벌레 소리에 젖네

이슬에 젖은 낙엽들
한기가 감도는 날

말없이 포옹하듯
군락을 이룬 구절초 향기
당신 꿈을 꾸며 살리

G 선상의 선(線)

매일 선을 긋고 산다
책을 읽다가 잊지 못할
그곳에서 멈추는 시선이듯

휘성소와 지성소 사이에 있는
휘장이 찢긴 다음
하늘 문이 열리고

골고다 언덕길에서
피와 땀이 멈춘
돌무덤을 닦고 있다

여름내 앓던 가슴앓이는
가을 햇살에 영글어 가고
영생이 아픔의 선을
지웠다 다시 그려놓고

정지될 듯 요란한

내 심장을 어루만지며
서서히 녹아내리는 대지 위에

씨줄과 날줄의 복수 선이
지난 삶을 묻으며
새롭게 그려 놓는 높은음자리표
선을 더 선명하게 화질을 한다

아들을 낳던 날

바람 불며 진통이 있던 날
길섶 질경이꽃이
곱게 피는 아침나절이었죠

태초에 못 다한 사랑 이야기 나누며
기도로 축복의 은사가 충만했었죠

서럽게 울 수밖에 없는 순간
아내는 솔로몬의 지혜로
나를 '아버지' 로 만들어 주었죠

외손자 애타게 기다리시던
장모님, 병원복도에 주저앉아
이마에 땀방울이 맺히도록
흐느껴 우셨죠

하나님이 주신 선물
비대칭 속에서 키워 온

기다림의 보람
빨간 고추, 검정 숯, 솔가지
싸리문에 걸린 금줄이 빛났죠

수고했어요
감사해요
축하해요

적색 신호등

출발 시점이 제로
출발점이 없는 정지라는 뜻이다

그저 필연필사적으로
녹색 신호등만 켜고 온 탓에
당신을 돌아볼 겨를 없다

가시나무새처럼
단 한 번의 노래로
날카로운 가시에 최후를 맞는
처연한 아름다움이 되면서까지

아, 그래도 당신을 만난 건
내 생애 주기 중 가장 행복한 일
곱절의 힘든 장애인 시절을
견딜 수 있었던 건
당신이 함께였기 때문

당신은 나의 성자
나는 한 줌의 회색빛 재처럼
바람에 날린다 해도 좋다

적색신호등을 켜 둔 채
흐트러지는 마음을 다시 모아
아름다운 사랑의 이야기
당신의 따뜻한 가슴을 안고 살겠다

흐르는 강물처럼

나만이 차지한 당신에게
연민의 정을 줄 수 있는 것은
미소가 넘치는 그대의 눈물

사랑은 눈물이 되기도 하고
사랑은 인수분해와 같아
힘들 때도 아플 때도 있는법

내가 당신을 즐겨 반기고
웃을 수 있는 것은
우리는 서로
결박된 것이 아니기 때문에

어지럽게 몰려오는 당신의 모습
흐르는 강물처럼 처연하게
밤을 지새운다

제2부

당신을 생각하면

나도 모르게
힘이 날 때도 있지만
눈물이 날 때도 있습니다

당신의
작은 진실 하나에
말 못하고 울어 버릴 때

수만 개 안개꽃을 안겨 주며
당신의 가슴을 부둥켜안고

처음 만나던 날 밤처럼
유난히 별이 빛나는
밤의 추억

언제나
아이들과 함께 자라는
아름다운 안개꽃
당신은 내 행복의 원년입니다

가는 세월

이순의 끝자락에 있으면서
지천명 나이로 착각하고 산다

쉬어라, 쉬면서 해라
눈물 흘리며 호소하는
당신 목소리에
잠 깨어 보니

아침 여명도
비바람에 흔들리고 있다

아서라, 가는 세월 잡을 수 없는 법
세월로 사는 것이 아니다
지금을 아름답게 사는 것
그것이 나의 세월이다

언제나 신혼

라일락 꽃말은
'첫사랑의 감동' 이랬지요
꼭 당신과의 만남이 감동이었고
지금 와 생각하니 드라마 같지요

넉넉하지 못한 단칸방은
언제나 겨울이었지만
손끝에서 풍기는 훈훈한 바람
햇살처럼 당신이 있었고

그런 세월 허물없이
산 넘고 강 건너 저 하늘
우리가 만들어 놓은 고향
평생 그곳에 살 것을 약속했지요

허우적거리며 내일을 모르던
수술실과 중환자실의 내
작은 모습 속에서 행복을 찾으며

충격 속에서도 의연했던 당신
지금 우리는 어디쯤에 와 있을까
팔짱을 끼고 사랑을 나눕니다

함박눈 이후

눈이 오는구나

눈이 오려면
함박눈이 펑펑 내려
딸네 집 뜰 앞에 수북이 쌓여
외손자 키만큼 오려나

외손자와 눈사람
즐겁게 뒹구는
하얀 춤사위 보게 해 다오

귀여운 내 손자야!
할아버지, 할머니 소리쳐 부르는
희고 둥근 영상을
보고 싶구나

머리맡에 놓인
생수 한 그릇에

목마른 혀끝을 축이며
창문을 여는구나

열병(閱兵)의 함성

창문 바깥의 온기
새롭게 돋아나는
생명의 거리

거닐 때마다
다른 생명의 존엄을 느끼게 하는
열병(閱兵)의 함성이 울린다

사람들의 활기찬 움직임
거리를 메운 소음들

따스한 정만
남아 있는 미물 같은
인간일지라도

꿈과 희망을 안고
환한 가슴에 태양을
달구는 사람이 되어

삶을 위해 또 죽음을 위해
최선의 밀알로 다시 일어서는
모습이고 싶다

동짓날 밤

그리운 어머님
오늘은 제 품에 있는
어머님의 사진을 보고 있습니다

비바람 눈보라쳐도
제가 좌우 어디로 보나
사진 속의 어머님은
"나만 보고 있어라" 하십니다

옷깃을 여미고
춘삼월 좋은 날을 두고
동지섣달을 인내로 기다리신 끝에

세상 온통 제 것으로
만들어 주신 동짓날
어머니 품에 강보에 싸인
제가 있다는 사실에 놀랐습니다

그렇게 시린 겨울 동짓날
아버님 손을 꼭 잡고
어머님은 얼마나 행복하셨던가요
영면하시기 전까지
말씀하신 심정을 알 수 있어요

아내가 있고 자식을 길러보니
제가 저절로 자란 것도 성장한 것도 아닌
어머님의 사랑임을 새삼 부끄럽게 생각하는
어리석음이 원망스럽습니다

정동진 연가

우리는 나란히
철길을 걷고 있었죠

때로는 따뜻한 솜이불에
사랑의 불빛을 태우며

꽈리처럼 부풀었다 줄어들었다
가슴이 동동질하는 행복으로
눈물을 흘렸죠

세상에 단 한사람
모든 것을 주고 싶은 마음

밤하늘에 피어나는 별들을 헤이며
서로 사랑하고 있다는
사실에 감사하면서

우리는 한결같이

붉게 타오르는 태양빛이
바다를 물들이듯

백사장에 긴 밧줄을 메고
에헤야! 데헤야!
사랑노래 불렀죠

지금 사는 이유

몇 번이나 넘어지면서
수면 깊은 세상 아래
내가 있음을 알게 된다

떠오르는 해만 보며 살던
화려했으나 얄팍했던
과거를 잃어버리고
잘게잘게 쳐내려 간 시간들이
새롭게 만난 지금의 모습이라면
무수히 쳐낸 잔가지로
거푸집 처리가 잘못된 것

나를 잘 아는 벗은
내가 오늘의 무게로
더 충실해져 있다는 사실에
때로는 주머니를 꺼내어
하얗고 솔직한 속을 보이기도 하고
간혹 불편한 몸을 어루만지는 눈짓으로

가슴을 여미게 하여

베갯잇에 흘린 눈물을 닦으며
험난한 사막을 건널 수 있는 것은
나는 용맹한 사자가 아니라
낙타라는 것, 모래바람을 견디며
뚜벅뚜벅 걸어가는 낙타라는 것이다

매화꽃

앞마당 매화 꽃망울이
눈송이에 맺혀
내 눈을 얼리고
바람도 얼리고 있다

방문을 닫고 있는 사이에
그토록 애처롭게
봄의 전령사처럼 내려와
숨소리만 지새워 주더니

바람이 문틀 사이로
들락날락거리는 소리에
개화 직전의 꽃망울이
떨고 있다

혹한을 이기며
꽃과 열매를 맺는
강인한 네가 더욱 아름답다

불면증

어둠이 빳빳하게
바람을 흔들어대고
속병을 앓던 연민의 고통과
하얀 밤은 새벽까지 텅 비어 있다

조각난 시간들은
풀리지 않는 숙제들로 남아
그 의미를 엮어 보기도 하지만

뒤돌아 서성이는 쓸쓸함에
아침이 너울져 오는
빈 주머니

어떻게 살 것인가를 생각하며
비장한 카드 한 장을 꺼내든다

다만 살기 위해
아침밥상을 받고 싶지 않다

홍운탁월과 팽목항

달을 그릴 때
직접 그리지 않는다
주위의 구름을 돌려
달이 춤을 추며
저절로 드러나게 그려
바람 끝에 매달리게 한다

못 보고 못 듣고 못 그리는
넋이 나간 정치인들은
달의 화법을 이해 못하겠지

진도앞바다 소용돌이 와류(渦流)에
생명의 마음 하나를 깨닫지 못하고
수장시킨 시간들
흔들리는 애절한 처용의 장단가락

귀하면서도 걱정이 없고
천하면서도 근심이 없으며

높으면서도 위태로움이 없고
낮을수록 더욱 편안한 경지는 없을까

살아도 살아 있는 것이 아니며
죽어도 죽은 것이 아닌
그리지 않고는 빼어난 멋을 모르는
정치인, 지성인, 종교지도자

요순시대 농군이
마음을 비우라는 말과 자신의 삶
텅 빈 그 속을 수용할 수 있는지

소리 안 나게 백성을 안심시켰던
2천여 년 전의 지혜가 그립다
돈을 버는 사람은 피땀을 흘리고
돈을 먹는 사람들은 영화를 누리고

여의도 어른들은 몇 개월째

법안 한 건 처리 안하고도
부끄러운 줄 모르고 산다
세월호는 점점 가라앉고 있는데

제3부

눈물

눈물이 많아진 것은
눈물 속에 많은 의미가 있기 때문이다

서러움보다 외로움이 더 큰 것은
외로움 속에 슬픔이 어려 있어
눈물이 머물러 있기 때문이다

너무나 벅찬 가슴으로
내 속을 흔드는 눈물은
당신

따뜻한 사랑으로 닦아내지만
빗살 친 프리즘에 분해된
뜨거운 눈시울

이제는 당신이
내 속에 흐르는 눈물이
아니었으면 한다

보랏빛 용담꽃

그대의 가슴에 부는
억새바람
차가운 입술

햇살이 번져오는
아침에도 아직 못 다한 말
하얀 달을 걸어 놓았지

행여나 눈물이 쏟아질까
걸음을 걷지 못하고
목마른 갈증으로 애태웠지

온전치 못한 몸을
손가락질 하며
온 밤을 흔들던 바람소리

용담호 언저리에서
보랏빛으로 타올랐지

내 작은 꿈

겨우내 얼어붙은 가슴에
불을 지펴 놓은 듯
이제 봄인가 하지만

사계절 두서없이 끌고 온 것들이
자작거리며 타고 있는 지금
수없는 마디마디의 기억들
하나도 버리지 못한 채
토담 너머 비포장 길을 걷는다

지나간 것들의 아쉬움
애써 챙기며 시작이 반이라는
정갈한 웃음 타전 중이다

삶의 맨 끝자리에서
야윈 갈대 같은 모습이지만
제자리에서 맴돌며 사라지지 않는
가슴 일렁이는 꿈
표구되어 벽에 걸려 있다

하얀 깃발의 아우성

강물이 내려앉는 진통
파헤쳐지는 열기가 장막을 이루는
저 곳

저녁노을이 타오르고
별들이 녹아내리는 저 곳

무너지는 성벽의 조각들처럼
하얀 깃발들이 나부끼고 있다

수습이 먼 삶의 시련을 굽어보며
깃발은 쉼 없이
아우성 치고 있다

조팝나무 연가

하루를 정리하지 못한 채
까닭을 외면하면서
조팝나무는 꽃을 피우고
밤거리를 환하게 수놓았다

앞서 가는 성급한 마음
되돌아오는 메아리가
내 뺨에 부딪치는 아픔을 보면서

너무 많은 것을 알고 있고
끝없는 소망에 희망을 걸고
산다는 것과 죽는다는 것에
싸움을 거는 인간의 욕심

몽실몽실 피어난
조팝나무 꽃을 한 움큼 훑어
당신의 어깨 위에
훠이 훠이 뿌리며

당신의 하얀 손을 잡고
춤추고 싶다

잠시 묻어 둔 그리움 하나하나를
햇살 좋은 날 꺼내어
그동안 사노라 지친 땀방울
씻어주고 싶다

출가외인

딸이란 다 그런 줄 알면서
시집가더니 남처럼 구는 딸이
섭섭하다

제 어미 목덜미 이마 잔주름
깊은 줄 모르고
제가 낳은 자식 귀한 줄만
아는 철부지다

문득, 비싼 악기 사 주며
음대를 졸업시킨 본전 생각

외손자 기저귀를 갈아주던 아내는
"이제 시작이다 호강이 무엇인지 알게 될 거다"
아직도 막내딸을 정글에서 낳은
자식으로 착각하고 산다

슬프게 하는 것들

내 곁에서 오고가는 사이에
소리 없이 떠날 것이라는 것이죠

내 마음 몰라주는
당신 때문이라는 것이죠

그러나 서로 손 놓을 수 없는 것은
당신을 사랑하기 때문이죠

언제나 떠날 준비가 되어 있는 것은
몸이 불편한 나로 인해
고생과 역경이 많다는 것을 알기에
멀리 떠나고 싶다는 마음이죠

가라고 떠밀 수 없는 운명을 알면서
죄의식 속에 높은 바벨탑을 쌓고
새벽마다 야곱의 돌탑을 쌓는 모습이
때로는 슬픈 연민으로 깊어지죠

사랑은

사랑은 눈빛으로 시작한다

사랑은 둘이 걷는 것
힘들 때는 숨이 차고
편안할 때는 조용히 걷는 길에 있다

사랑은 새로운 것을
발견하는 선구자처럼
세상이 혼미해지는 그날까지
두 손을 잡고 간다

사랑은 누에고치처럼
망을 만들어가는 끝없는 먹이사슬

사랑은 가슴을 저리며
아쉬워하며 서로 울며
그려가는 소꿉장난

사랑은 서로 만들어 가는 것
결코 세습되지 않는 운명이다

사랑의 고백

머뭇거린 세월
서리에 맞아 풀죽은 얼굴
찬바람으로 시달린 몸을 감싸는

회유로 낱낱이 쪼개진 파편들
조각난 배를 가슴에 띄워
하얀 미소를 내려놓고는
내게로 와 쓰러질 때

흐르는 눈물 닦아주던
설렘이 번치 않도록
내 그림자만
도드라지게 남겨야겠다

당신을 사랑해

우리가 헤어진다면
절인 배추 속처럼
아픈 상처만 남겠지

우리 중 누가 먼저 죽는다면
하늘이 무너지는 슬픔뿐이겠지

한두 해의 깨달음이 아닌데
당신을 보면 깊은 산 속
반듯한 나무 한 그루 같아

나무 둥치에 기댄 나를
부상 입은 전상자처럼 보살피며
한 시절 야생으로
변함없이 강건하게 살아 온
당신을 생각하면 얼마나 고마운지
달관의 경지가 되어도 못 잊겠네

생애 마지막까지

얼굴이 커졌다 작아지고
머릿속에서 잠시도 떠날 새 없이
보고 싶은 사람

손에 잡힐 듯 잡히지 않고
해는 중천에 떠 있어
마주앉은 순간엔
더욱 안쓰러운 눈물뿐으로
고생의 단초가 되는 이야기 조각들

거짓 없는 시간을 매달아 놓고
행복해 하던 당신
깍짓손을 끼고 사랑한다,
다짐하던 우리

지울 수 없는
당신과 나의 운명은
신의 선물

나 죽어도 당신의 그림자가 되겠소
내 머리카락이 빠져나가는
마지막 생애까지

내 고향 현도 매봉산

선조께서 묻혀있는
계곡의 산길
병풍처럼 훈훈한 바람에
떠밀려 겨울 산을 오른다

산에 오르면
내 자신의 주장도 사라지고
자신을 버리는 순간
맑은 숨을 쉬게 되어 좋다

금강이 흐르는 백사장에
친구들이 몰려와 캠프 하던 곳
칠흑 같은 별들이
온몸에 떨어진 듯
셀 수 없는 추억도 있는 곳

지금은 고속도로와 KTX 철로가
쌍방으로 누워 흔들리고 있는 곳

내 작은 고향 하늘을
매봉산 자락이 지키고 있다

금강철교는 교두보 확보를 위해
국군과 인민군이 혈투를 벌이던 유적지
아직도 탄흔이 있기도 하다

의정부 가는 길

여름내 대장간 담금질로
길쭉한 얼굴이 되어

소리 없는 햇살에 조각난
시간들의 그림자 잔해들

계절을 이어온 파란 이끼는
하늘하늘거리고

무수한 언어의 노예가 되었던
삶의 연속들, 그 빛의 고리들

끊어지는 사슬의 아우성은
부서져 내리는 별들의 합창은

너와 나의 노래로 하모니 되어
뜨거운 빛으로 반짝이기를

의정부 가는 길은 먼데
아직 말 못하는 네 마음인가

내가 살던 **동 268번지

가난한 사람들이 모여 법 없이 살던 곳
언제나 욕심 없이 가슴에 남은 건
아름다운 사랑 이야기뿐

먼 옛날 가슴 설레게 하던
태극기 게양대, 눈을 마주치던 2층집 여고생
지금 그 여고생은 어디에 살까?

없는 게 없었던 만물 상회 슈퍼
새롭게 단장만 조금 더 했을 뿐인
해병대 출신 이 씨 아저씨 집
동네 약사도 유지로 모시던 순박한 시절
새마을 운동으로 깔끔했던
골목길 정취가 눈에 어린다

떠날 사람 다 떠났어도
울창한 콘크리트 숲 사이에서
아직도 살아 있는 번지
옛 추억들

매듭

전화를 걸지만
마음은 걷고 있다

생각은 하지만
아쉬움으로 절여 있다

울고 있는 것은
허공에 달려있는 둥근 달

서러움을
매달아 놓은 긴긴 밤

땅에서 풀지 못한 한(恨)
저 하늘엔들 풀 수 있을까

백담사

산에 오르다 머문
선유 다리 아래
계곡의 울음소리가 요란하다

더 오를 것 없는 능선 등받이에
펴놓은 내 모습이 마치
밑반찬 같기만 하고

더 올라가 내려다보는
씁쓸한 백담사 주변은
얼룩진 역사 뿐

선비 방 별채는
지금도 가슴에 열 받아
불에 타고 있다

두순이가 바람을 잡고
마당을 쓸고 있지만

역사의 기록만 한 장 더 남겨
민대머리 스님만 애절하게 됐다

간이역

잠자리 몇 마리가
역사 철로를 지키다가
날아가 버린 한낮

어쩌다 불어오는 바람에
소스라치게 놀라
철길 옆 코스모스에
떨구어버린 내 얼굴

그녀가 떠난 텅 빈 역
나 혼자 남아 있는
빨간 정지등 하나

생명을 다하며

아침부터 바람은
낙엽을 쓸며
지난여름을 낫질하고 있다

은비늘처럼 남은 마음
어딘가 닻을 내려놓고
강물처럼 흘러가라 한다

그대를 처음 본 날
눈물의 깃발처럼 힘차게
생명의 가치
다짐과 맹세의 아우성으로
가슴을 치던
그날처럼

빙어

새벽 호수
물안개 속에서 몸부림치는 빙어
그물에 걸려 날을 세운다

밤새 단련한 몸은
제 구실을 다 못하고
육체를 비관한 채

나는 누구인가
절실하게 알아야 할 때
해결되지 않는 문제
생명이 멈추는 한계를
깨달아야 할 때

문득, 살려고 몸부림치는 빙어
초장에 찍어 새벽 허기를 채우는 인간의
두 모습이 날을 세운다

제4부

시골에 사는 이유 1

서울의 바람은
겨울에도 끈끈하다
서울의 새벽은
언제나 청소부 같다

경복궁, 남대문, 명동
한강, 남산, 지하철
빌딩 숲들의 명소
도심은
매연과 탐욕과 과식의 저장소

반음절로 시작하는 시골 생활
몇 평 남짓 텃밭에서 일군
무공해 야채 상추쌈은
비길 데 없이 달콤하고

뒷산의 머루, 다래와
청정수 금강을 바라보면서

쑥쑥 자라는 코스모스 향기
소박한 삶을 향유할 수 있는
없는 것 없이 다 만들어 내는
시골이 좋다

첫눈

흰 손수건을
흔들며 오는

저 먼 곳의
그리움

희고 푸르게
살며시

옷깃으로 파고드는
너의 손

긴 여운을 남기고
흔적 없이 사라지는

계룡산

봄기운이
골짜기로 오르면서
진달래꽃은 군락을 이룬다

초식 짐승들이
물을 마시며 씻고 간 계곡
웅달은 깊다

물속에 매달린
하늘구름
봄꽃들의 눈망울 그림자

내 마음 같지 않은
바람 여울

사랑의 남매탑
전설의 이야기가 산을 오른다

계족산성

구름을 감고 둘러선 정상
백제인과 신라인의 혼백이
걸어가고 있다

산비탈 키 큰 옥수수는
그 옛날 병정들의 함성소리를 듣고 있다

꽃들이 피고 지고
크고 작은 동물의 낙원이 되는
일상에 지친 사람들이
맨발로 걸으며 힐링할 수 있는
부드러운 황톳길

그 너머 산 아래엔
인절미 빚어 훈훈한 정을 나누며
살고 있는 때 묻지 않은 마을

대전팔경 계족산성에서는

구름도 쉬어 간다
해와 달 별빛도 고즈넉하게 반짝인다

그곳에 갈 때마다
맑은 공기 가슴에 담아
사랑하는 이의 입에 넣어 주고 싶다

그날의 산중턱

어둠이 주인이던 골방에서
자네가 애태운 세월, 3년

자네는 누워 있고
몸서리나게 추운 날, 우리는
산 중턱을 올랐지

하늘이 미쳐 가는 소리를 들으며
하산길에 접어 든 순간,
눈사태는 자네와 나를 갈라놓고

삼베 옷자락 씹으며
울음 삼키시던 형님

하얀 백지 위에
어둠이 지나간 자국
정신 못 차리게

추운 날만 되면
자네와 나는 다시
산중턱을 오르게 되겠지

지금도 가는 길

무균 수술실로 들어가는 길
애잔하게 바라보던 아내의 얼굴
두근거리는 가슴
신경외과 수술실 불이 켜졌다

수술실을 나와
예약된 병실로 들어간 뒤
문을 닫고

살아있는 지금까지
눈물이 마른 날이 없다

언제 끝날지 모르는
나의 모습

오늘도 내일도
세월이 가는 골목에서

힘이 없는 다리를 닦으며
짓무른 가슴을 닦으며
여전히 뛰고 있는 심장도 닦고 있다

별을 따는 장애 엄마

내 아이가 장애면
엄마는 더 큰 별을 키우며 산다
전쟁을 방불케 하는 치료실을 찾아다니며
별빛 같은 달빛 같은
지혜와 기도를 안고 산다

숯덩이만 남은 엄마의 가슴
불볕더위로 훨훨 타기 시작해도
철없는 아이의 다양한 색깔에
하얗게 밤을 지새는 날이 많아도
포대기 같은 눈물을 훔쳐도

하늘의 고요함과 땅의 적막함
천체와의 교감이 있을 때
삼라만상의 오묘함
한낮의 괴로움은 아름다움으로
꿈에서나마 천계에 오른
행복을 갖는다

새벽녘 잠에 빠져 있는
아이를 어루만지며
내 분신 중 최고의 걸작품
작은 희망의 약속
오늘도 내일도 모래도
새로운 별을 따면서 살아간다

어머니 1

낮에는 해처럼
밤에는 달처럼

날이면 날마다 고생으로
세상 끝에 매달린 어머님

가슴에 맺힌 매듭 풀 날 없이
옷고름 적시고

뜻하지 않은 생이별
한 줌의 가루가 오장을 가르며
가슴 아파하시던 날부터

가지 많은 나무
바람 잘 날 없어
어머님의 치마폭은 넓고도 넓으십니다

바다 같이 넓은 사랑

호미로 젖은 땀방울로
일구어 낸 씨앗들,
알알이 익은 열매되어
어머니를 그립니다

어머니 2

암 치료 중 어머니를 업었지요
너무 가벼움에 눈물겨워
세 발짝도 못 걸었던 그날

저는 어머니 뱃속에서 자라고 낳은
세상을 다 주고도 바꾸질 않겠다던
처절한 자식이거늘

심장을 뚫고 자란
한 톨의 씨앗이 자란 역사를
오래오래 자랑하지 않으시고

어머니!
온몸의 고통을 벽돌처럼 쌓고 계시네요
한밤중 사방을 기어 다니시는 어머니
얼마나 아프신가요?

널 낳을 때보다 더 아프단다

등을 훑어 내리는 눈물이 앞을 가렸어요
허구한 날 눈물로 지새우던 어머니
끝내 속이 미어진 채 가 버리신
어머니, 그립습니다

어머니 3

용기와 힘을 주시고
남 앞에 당당하라
강인한 매질의 중심들
저는 지금 그 끈으로 살고 있습니다

등이 닳도록 업어 주시고
조갯살처럼 살이 오른 제 볼을 당기시며
즐거워하시던 얼굴
저는 지금 그 사랑으로 살고 있습니다

그러나 지금 제가 작아지는 것은
휠체어를 타고 있는 제 모습
얼마나 속상하실까,
어쩌면 다행이라는 불효

어렵고 외로울 때마다
마음이 혼미해 질 때마다
지금도 여전히 나를 두드려 깨우시는

어머니, 자꾸만 눈물이 납니다
사랑합니다

어머니 4

어머님이 그리운 아침이다

아침밥상에 올라온 두부 김칫국
아무리 맛을 내도
천하일품 어머니의 손맛 아니고

간밤 안경 너머로 적어 두신 글
다음날 아침 밥상머리에서
꺼내 놓고 진지를 드시며
일러 주시던 말씀
더는 들을 수 없고

강단 아래 청중 속에 앉아
아들의 말에서 진주를 꺼내시려고
유난히 빛내시던 눈빛
더는 찾아볼 수 없고

내 나이가 그런가

여보, 나보고
전철을 공짜로 승차하래
벌써 나이가 그런가 해도
뜨는 해보다 아름다운 것은 노을인데

민들레가 홀씨 되어 바람에 날리며
그동안 키워 온 것들을 생각하면
세월의 벽 속에 벌레들이
자라 온 흔적도 많다

해놓은 것 없이 나이만 먹었는지
이웃을 위해 남긴 것 없이
해가 가는 것이 아쉽고

흰머리를 아무리 깎아 내려도
전철은 공짜로 타고
달리겠다고 한다

담쟁이의 변

너무 많은 것을 말하고
너무 많은 것을 아끼다가
가슴이 허물어져
말라버린 담쟁이
말없이 밤낮 없이
담벼락을 오르고 있어도
너를 사랑하는 이 있다
분명 있다

봄, 여름 갈증에
한줄기 빗줄기로
어른거리는 당신은
담쟁이 맞나요?

해설

자기 해방의 미학

김영호(문학평론가)

오용균 시인은 장애인의 교육권과 정보접근권 주차권 보장 등 장애인의 사회적 권리와 인권 향상에 헌신한 사회운동가이자 교육자로 널리 알려져 있으며, 현재도 모두사랑장애인야간학교 교장으로 대전지역 성인 장애인교육의 대부로 활동하는 등 지역사회는 물론 전국적인 장애인 운동가로 알려져 있다. 그의 이런 사회활동에 대한 평가 또한 상당하다. 그는 일찍이 대통령이 수여하는 한국장애인인권상을 비롯해 장애극복상과 사회봉사 부문 한빛대상 그리고 대한민국 목련장 서훈을 수상하는 등 그의 헌신에 합당한 사회적 평가를 받은 바 있다. 이에 비해 그가 이미 두 권의 시집과 두 권의 수필집을 낸 문인임을 아는 사람은 그리 많지 않다. 이는 그가 공군 중령으로 복무하던 중 발병한 뇌종양 수술 후유증으로 하반신이 마비되는 1급 중도장애인이 된 40대 후반 이후 장애인으로 살아온 제2의 인생 역정이 자신의 장애를 잊을 정도로 왕성하게 모든 장애인들의 사회적 권리 향상을 위해 분투하는 삶으로 점철되어 있기 때문인 듯하다.

사실 그와 나의 인연도 장애인 교육으로 비롯됐다. 10여 년 전 어느 날 한겨레신문 지역소식에 실린 아주 짧은 1단 기사가 그날따라 눈에 띄었다. 한 장애인이 장애인교육의 중요성을 절감해, 장애로 인해 정상적인 교육을 받지 못한 성인 장애인을 위한 야간학교 설립을 준비하고 있다는 단신과 함께 그의 전화번호가 소개돼 있었다. 마침 논산에 있는 중증 장애인 시설인 〈작은 자의 집〉을 매월 1회씩 방문해 그들과 음식을 나누고 목욕을 시켜주는 봉사활동을 하며, 단순히 장애인들을 돌봐주는 데서 나아가 그들의 재활이나 사회적 자립을 돕는 게 진정한 도움이 아닐까 하는 아쉬움을 절감하던 때였기에 그 짧은 단신이 눈에 들었으리라. 소개된 전화번호로 연락을 해 보니 마침 같은 아파트 단지 내에 거주하는 이웃이라서 내친 김에 직접 그를 찾아가 만난 게 지금까지 지속되는 긴 인연의 시작이었다. 첫 만남 이후 의기투합하여 장애인야간학교 설립 준비모임부터 시작해 개교 이후 교육과정 편성과 운영 그리고 배타적인 사회적 편견 속에서 학교를 지켜내기 위한 힘겨운 싸움에 이르기까지 그를 돕고 따르는 수많은 지인 중의 한 사람으로 아주 작은 힘이나마 그와 함께하고 있다.

그의 가장 큰 미덕은 자신의 목표를 향해 쉬지 않고 나아가는 지치지 않는 열정, 그리고 모나지 않은 친화력을 앞세운 촘촘한 대인관계를 적극 활용해 그 목표를 조금씩 이루어내는 실천력이다. 그 과정에서 행정부서와 대립과 갈등을 겪기도 하지만 대개는 그의 선한 목적이 끝내는 수용되어 장애인의 사회적 권리 신장과 장애인야간학교의 사회적 성장이 조금씩 현실화된다. 특히 장애인야간학교의 운영은 전적으로 그의 이런 탁월한 지도력에 힘입어 유지 발전해 왔다. 그래서인지 장애인야간학교의 학생들이나 자원봉사 교사나 차량봉사자들은 아주 자주 그가 1급 장애인인 점을 잊어버린 채 그를 대하곤 한다. 장애학생들을 정성스레 돌보고 챙기면서도 정작 그도 도움이 필요하다는 사실을 잊고 오히려 그의 도움을 기다리는 우리의 모습을 발견할 때의 그 놀라움과 부끄러움은 비단 나만의 체험은 아닐 것이다. 이는 그가 장애인의 한계에 얽매이지 않고 비장애인 못지않은 왕성한 활동력을 보이기 때문에 은연중에 그의 처분을 기다리게끔 된 듯싶다. 이는 어디까지나 그의 사회적 모습으로, 그 이면에 감추어진 개인적인 고뇌나 고통 그리고 깊은 슬픔 등은 보이지 않는다. 그 보이지 않는 그만의 개인적이고 인간적인 모습을 적나라하게 발견할 수 있는 게 바로 그의 시세계라 할 수 있다.

그의 시를 대할 때 제일 먼저 떠오르는 낯선 모습은 그의 사회적 모습이 시에서 거의 드러나지 않는다는 점이다. 대개의 다른 사회 활동가들은 사회적 자아와 개인적 자아를 시를 통해 합일시키고자 애쓴다. 그러나 그의 시에서 장애인 운동가로서의 모습을 찾아내기란 쉽지 않다. 이렇게 사회적 자아와 개인적 자아가 분리되는 모습은 그의 시에 대한 인식에서 확인할 수 있다. 「시(詩) 한 구절에」란 시를 살펴보자.

시가 있어 시가 좋고
시가 있어 마음이 따뜻해서 좋고
시가 있어 가슴이 뚫려 피가 흐르게 하니 좋다

시를 읊으니 내 인격이 바로 세워지고
시를 읊으니 한여름 바람 같아 시원하고
시 한 구절 지으니 우뇌(憂惱)가 더욱 살아나 좋다

두보(杜甫)가 부럽지 않고,
황진이(黃眞伊)가 부럽지 않으니
시 한 구절에 가장 행복한 이 세상

어느 것도 시와 바꾸고 싶지 않다

—「시(詩) 한 구절에」 전문

시에 대한 그의 인식은 상당히 낭만적이고 도덕적이며 또 소박하다. 그에게 시는 치열한 자기 삶이나 뜨거운 정념의 표상이 아니라 따뜻한 마음으로 행복을 느끼게 해주는 인격 수양의 수단이다. 그가 비교의 대상으로 삼은 황진이는 재색을 겸비한 조선시대 최고의 명기(名妓)로 각종 사회적 제약에 얽매이지 않는 초탈하고 활달한 모습으로 풍류를 즐기며 한 시대를 풍미한 협객 여류시인이다. 하지만 서경덕의 고매한 인격에 탄복해 평생 스승으로 모시고 사모했다 하니, 황진이에게 시는 참된 인격자를 가려내 소통하는 도구였다 할 수 있다. "시를 읊으니 내 인격이 바로 세워지고/ 시를 읊으니 한여름 바람 같아 시원하고" 에서 우리는 황진이의 시론이 그의 시에 살아 있음을 확인할 수 있다. 그런가하면 두보는 인생의 대부분을 처자를 데리고 전란을 피해 타지를 떠돌며 궁핍함과 향수 속에서 힘겨운 삶을 살았다. 두보의 시에 나타나는 깊은 우수와 비장미는 이런 그의 고난의 삶에서 우러나온 것이다. 하지만 두보는 강직한 성품으로 자신의 고통에 굴하지 않고 힘겹게 살아가는 서민들에 대한 따뜻한 애정을 잃지 않았다. 그래서 두보는 자신의 불운을 시로 승화시킨 시인으로 시성(詩聖)으로 추앙

받고 있다. 이런 두보의 모습은 “시 한 구절 지으니 우뇌(憂惱)가 더욱 살아나 좋다”란 구절에서 드러난다. 그러나 시인은 두보나 황진이의 이런 모습을 알면서도 굳이 이들을 따르지 않으며, 시의 존재 자체에서 행복을 느낀다고 고백한다. 이런 점에서 그에게 시란 사회적 존재로서의 무거운 짐에서 벗어나 자신의 내밀한 자아를 마주하게 해 주는 그런 역할을 한다. 사회적 존재로부터 해방되어 내적 평화와 자성의 인격체에 이르는 촉매가 바로 시인 셈이다.

그의 사회적 존재로서의 모습이 드러나는 시는 아주 일부이다. 장애인 운동가로서의 사회적 모습을 엿볼 수 있는 「별을 따는 장애 엄마」, 현실비판적인 인식이 드러나는 「백담사」, 「홍운탁월과 팽목항」 등이 그런 예에 해당한다. 「별을 따는 장애 엄마」는 장애인 아이를 둔 엄마의 애타는 마음, 재활치료의 어려움 속에서 오히려 더 깊어지는 아이에 대한 사랑을 통해 끝내 희망을 잃지 않는 엄마의 절절함을 소박하게 드러낸다. 이는 중도 장애인으로 제2의 인생을 살아온 그의 체험을 통해 역지사지와 감정이입이 가능했기 때문으로 보인다.

「백담사」, 「홍운탁월과 팽목항」은 아직도 진행 중인 사회적 고통과 얼룩진 역사에 대한 비판이 냉소적으로 또는 생경한 모습으로 드러난다. 백담사는 만해 한용운 선사가 머물며 조국과 민족에 대한 사랑을 노래한 민족시집 『님의 침

묵』을 탈고한 민족문학의 산실이고, 일제강점기 현실을 외면한 채 개인 구원과 기복신앙에 빠진 조선불교의 근본적 혁신을 주장하는 『조선불교유신론』을 쓴 불교개혁의 성지이기도 하다. 그런데 백담사 중앙의 극락보전 앞쪽의 화엄실엔 아직도 '제12대 대통령이 머물던 곳입니다' 란 현판이 걸려 있고 입구 양쪽엔 전두환이 불경을 베껴 적는 사경(寫經)사진과 농사일을 하던 사진 등이 진열돼 있다. 정문을 기준으로 보면 오히려 백담사의 자랑인 만해당과 만해교육관보다 더 중앙부에 자리한 채 옛 포악한 독재자의 모습을 기념하는 역사의 아이러니를 만나게 되는 셈이다. 물론 화엄실은 기존 건물인 데 반해 만해당과 만해교육관은 만해선사의 문학사상과 불교정신을 구현하기 위해 새로 조성한 건물이므로 건물 배치는 불가피했다 해도, 세속 권력과 탐욕을 초탈한 출가 사문의 시퍼런 기상을 잃어버린 채 광주학살과 군사 쿠데타 그리고 포악한 독재자의 무거운 죄질은 애써 눈감은 채 오히려 그 파렴치함을 기념하는 승려의 권력 지향적 처세가 놀랍다 못해 슬프다. 시인은 이렇게 본질이 뒤바뀐 얼룩진 역사를 스스로 권력에 굴복한 불교계의 씁쓸한 현실로 안타까워하며, 지금도 열 받아 불타는 가슴으로 민 대머리 스님만 애절하게 됐다며 전두환 부부의 이름을 합성한 두순이란 명명법을 통해 신랄하게 조롱한다.

더 올라가 내려다보는
씁쓸한 백담사 주변은
얼룩진 역사 뿐

선비 방 별채는
지금도 가슴에 열 받아
불에 타고 있다

두순이가 바람을 잡고
마당을 쓸고 있지만
역사의 기록만 한 장 더 남겨
민대머리 스님만 애절하게 됐다

—「백담사」 뒷부분

「홍운탁월과 팽목항」은 동양화의 간접적 묘사법인 홍운탁월의 기법을 근거로 우리 사회 지도층이 소리는 요란하면서도 정작 국민의 슬픔과 고통에는 무감각하고 무능하고 무지함을 꾸짖는다. 시인은 중국 고대의 '격양가' 설화에 나타나는, 노골적으로 드러내지 않으면서도 평화롭고 넉넉한 선정(善政)을 이상적인 정치로 제시하며 현 지도층을 비판한다. 요임금 시절에 은둔자인 '양보'가 80세에 땅을 두

드리며 부른 노래 격양가는 이렇다. '나는 해 뜨면 일하고 해 지면 쉬며, 우물 파서 물마시고 밭 갈아 먹고사는데, 임금이 나에게 무슨 은덕을 베풀었단 말인가?' 이 노래의 맨 마지막 구절이 바로 오늘날 우리 사회 지도층인 '정치인 지성인 종교지도자' 가 귀담아 들어야 할 질문인데 우리 지도층의 현실은 이와 정반대다. 그래서 시인은 '2천 년 전의 지혜' 인 동양적인 이상 정치, 즉 태평성대를 이루기 위해 애를 쓰면서도 백성이 그 정치를 느끼지 못할 정도로 평안하면서도 자연스러운 그런 정치를 그리워한다. 노자가 말한 도의 품격 원리를 정치에 적용해 보면, 최상의 정치는 사람들이 그것이 있는지조차 모르는 경지이고, 그 다음은 현재의 정치가 칭찬받는 경우이며, 또 그 다음은 현 정치를 두려워하는 상태이고, 최하의 정치는 사람들이 현 정치를 욕하는 상황으로 구분해 볼 수 있다. 시인이 안타까워하는 우리의 현실정치는 이 가운데 최하에 가까운 모습이라 할 수 있다. 이렇게 홍운탁월의 동양적인 여백의 멋과 예지를 갖춘 품격 높은 정치를 그리워하기에 시인은 무능한 지도층에 대한 따끔한 비판이나 분노를 힘겹게 억누른 채 현실을 못내 안타까워하는 여운 있는 결말로 끝맺음을 한다. 이는 유장한 시상의 흐름을 고려해 시적 완결성을 잃지 않으려는 나름의 노력으로, 이 시를 지탱해 준다.

귀하면서도 걱정이 없고
천하면서도 근심이 없으며
높으면서도 위태로움이 없고
낮을수록 더욱 편안한 경지는 없을까

살아도 살아 있는 것이 아니며
죽어도 죽은 것이 아닌
그리지 않고는 빼어난 멋을 모르는
정치인, 지성인, 종교지도자

요순시대 농군이
마음을 비우라는 말과 자신의 삶
텅 빈 그 속을 수용할 수 있는지

소리 안 나게 백성을 안심시켰던
2천여 년 전의 지혜가 그립다
돈을 버는 사람은 피땀을 흘리고
돈을 먹는 사람들은 영화를 누리고

여의도 어른들은 몇 개월째
법안 한 건 처리 안하고도
부끄러운 줄 모르고 산다

세월호는 점점 가라앉고 있는데

—「홍운탁월과 팽목항」의 뒷부분

이 시에서 강조하는 '그리지 않고 그리는' 홍운탁월 기법은 달무리를 그려 밝은 달을 넌지시 드러내는 동양화의 간접적 묘사법으로, 이를 시에 적용하면 '말하지 않고 말하는 시'에 해당한다. 하지만 정작 이 시의 시적 화자는 사물을 통해 말하거나 이미지를 전면에 내세우는 간접 화법을 쓰지 않고 화자가 직접 서술해 버린다는 점에서 좀 자가당착적이다. 시인은 소리만 요란한 빈 수레에 불과한 사회 지도층의 몰염치와 무능을 "부끄러운 줄 모르고 산다"고 직설적으로 비판한다. 이는 홍운탁월의 경지와는 좀 다른 직접화법이다. 만약 시의 전반적인 흐름인 동양적인 여백의 예지가 드러나도록 시적 대상을 다른 사물에 빗대어 그 사물이 스스로 말하도록 하는 여운의 멋을 살렸더라면 시적 긴장감이 더 팽팽하게 살아났을 거라는 점에서 여전히 아쉽다. 마치 서까래를 직접 때리지 않고 기둥을 슬쩍 쳐서 서까래까지 울리도록 하는 이른바 성동격서(聲東擊西)의 묘책을 시적 화법으로 고민해 볼 필요가 있겠다. 왜냐하면 홍운탁월의 기법이야말로 이 시의 내용과 표현을 하나로 일체화시켜 시를 생생하게 살아나게 하는 시적 기법이기 때문이다.

그러나 앞의 「시(詩) 한 구절에」에서 드러나듯, 그에게 시는 사회적 자아와 내적 자아를 합일시키는 치열한 자기 승화의 장이 아니다. 그에게 시란 사회적 존재로서의 무거운 짐에서 벗어나 자신의 내밀한 자아를 마주하게 해 주는, 사회적 존재로부터 해방되어 내적 평화와 자성의 인격체에 이르는 촉매이다. 그래서 이번 시집에서 확인되는 그의 모습은 개인적 성찰과 가족에 대한 지극한 애정 그리고 자신의 삶속에서 늘 일하시는 신의 섭리에 순명하는 그런 모습이다. 이는 아마도 어느덧 칠순의 문턱에서 자신의 지난 삶을 문득 되돌아보며 참된 안식을 준비하는 그런 연륜과 긴밀한 관련이 있어 보인다. 그런데 참된 안식을 찾으려면, 그동안 장애인으로 제2의 인생을 살면서 장애인과 비장애인이 평등하고 평화롭게 함께하는 아름다운 세상을 만들고자 쉼 없이 달려온 그의 삶을 일단 멈추어야 한다. 멈추어야만 비로소 나와 가족 그리고 이웃의 구체적이고 생생한 모습을 발견할 수 있기 때문이다. 그가 앞만 보고 달리던 삶을 비로소 멈추었을 때 새삼스레 발견한 대상은, 힘든 장애인으로서의 고통을 견디게 해 주고 지금 그의 사회적 삶을 가능하게 해 준 바로 그의 아내이다. 누구나 자기 아내에 대한 속 깊은 애정이야 나름 극진하겠지만, 그의 아내에 대한 속정은 아주 각별하다. 그에게 아내와의 만남은 감동(「언제나 신혼」이었고 또 행복의 원년(「당신을 생각하면」)이다. 그에게 아내는 라일락꽃이자 안개꽃이며 신의 선물(「생애 마지막까지」)로 생애 마지막까지 함께해야 할 운명적 존재이다. 그래서 그는 "죽어도 당신의 그림자가 되겠소"라고 다짐하면서 늘 머릿속으로 아내를 생각하며 보고 싶다고 고백한다. 그래서 그는 자신을 위해 헌신하는 아내를 '성자'로 부르며 앞으로의 따뜻한 동행을 다짐한다. 그가 그간 반드시 이루어야 할('필연') 당위적 세계를 향해 죽을힘을 다해('필사적으로', '가시나무새처럼') 멈추지 않고 달려온 지난날을 지탱해준 아내에 대한 새로운 발견은, 오직 아내를 향해 가슴 속 깊은 사랑을 마지막 안간힘을 다해 가시나무새처럼 혹은 '바람에 날리는 회색빛 재처럼' 쏟아내겠다는 절절한 각오로 표현되는데 그 처절함이 가시나무새 전설처럼 아름다우면서도 처연하다. 필사적으로 어려움을 헤치며 살아온 그였기에 아내에 대한 사랑의 각오도 그렇게 처절할 만큼 아름다운 것인가.

출발 시점이 제로
출발점이 없는 정지라는 뜻이다

그저 필연필사적으로
녹색 신호등만 켜고 온 탓에
당신을 돌아볼 겨를 없다

가시나무새처럼
단 한 번의 노래로
날카로운 가시에 최후를 맞는
처연한 아름다움이 되면서까지

아, 그래도 당신을 만난 건
내 생애 주기 중 가장 행복한 일
곱절의 힘든 장애인 시절을
견딜 수 있었던 건
당신이 함께였기 때문

당신은 나의 성자
나는 한 줌의 회색빛 재처럼
바람에 날린다 해도 좋다

적색신호등을 켜 둔 채
흐트러지는 마음을 다시 모아
아름다운 사랑의 이야기
당신의 따뜻한 가슴을 안고 살겠다

—「적색 신호등」 전문

아내 다음으로 그에게 애잔한 그리움의 대상은 어머니이다. 시린 겨울 동짓날에 자신을 낳으시고 행복해하셨던 어머니를 이제 자식을 길러보고 또 손자를 보고서 그 사랑을 뒤늦게야 깊이 깨닫고 돌아가신 어머님을 못내 그리워한다(「동짓날 밤」). 암 수술로 장애인이 된 그를 보며 아들을 낳던 아픔보다 더 큰 고통 속에 눈물로 지내시다 가슴이 미어진 채 돌아가신 그 어머님을 그는 아픈 마음으로 그리워한다(「어머니 2」). 가지 많은 나무 바람 잘 날 없듯 자녀들을 '바다 같이 넓은 사랑'으로 또 '젖은 땀방울로' 온갖 고통을 기꺼이 감내하며 길러준 그 어머니(「어머니 1」)를 눈물로 그리워한다. 인생의 지침이 될 말들을 미리 적어 두었다가 아침 밥상에서 밥상머리 교육을 통해 일러주시던 어머니의 자상한 지혜의 가르침을 더는 들을 수 없어 그리워한다(「어머니 4」). 넓은 사랑과 아낌없는 헌신 속에서도 아들이 당당하게 살아갈 수 있도록 격려해 주시던 그 어머니의 매서운 가르침이 지금도 여전히 자신의 삶을 일깨우는 용기와 힘이 됨을 절감할 때마다 눈물을 흘리며 어머니에 대한 사랑을 고백한다. 누구나 다 가슴 속 사랑의 등불로 고이 간직하는 어머니지만, 어머니 생전에 휠체어를 탄 모습을 보여야만 했고 또 그로 인해 어머니의 가슴을 미어지게 했던 시인에게 어머니는 지금도 자신의 불편한 삶을 당당하게 다잡는 원동력이 된다.

용기와 힘을 주시고
남 앞에 당당하라
강인한 매질의 중심들
저는 지금 그 끈으로 살고 있습니다

등이 닳도록 업어 주시고
조갯살처럼 살이 오른 제 볼을 당기시며
즐거워하시던 얼굴
저는 지금 그 사랑으로 살고 있습니다

그러나 지금 제가 작아지는 것은
휠체어를 타고 있는 제 모습
얼마나 속상하실까,
어쩌면 다행이라는 불효

어렵고 외로울 때마다
마음이 혼미해 질 때마다
지금도 여전히 나를 두드려 깨우시는
어머니, 자꾸만 눈물이 납니다
사랑합니다

— 「어머니 3」 전문

그의 삶을 지탱해 준 힘은 아내와 어머니 외에 늘 그의 삶 속에서 일하시는 절대자의 섭리이다. 그의 시에 자주 등장하는 당신이란 호칭은 대개는 아내를 가리키지만 때론 모호할 때가 있는데, 이런 경우의 당신은 절대자를 의미하는 것으로 보인다. 가령 「푸른 거목에 피는 꽃들」을 보면, 나와 당신 그리고 우리가 등장하는데 당신은 내가 사랑하는 임이자 햇살이 아침에 입 맞추는 대상으로 끝 부분에 오면 '푸른 거목' 으로 구체화된다. 빈 나뭇가지로 겨울을 보낸 뒤 따뜻한 햇살 속에 천만 송이 아름다운 꽃을 피우는 푸른 거목은 모든 생명들이 깃드는 그런 대상이다. '우리' 의 사랑도 결국은 푸른 거목의 가지에 매달려 아름답게 꽃을 피운다. 따라서 오랜 세월 속에 우뚝 솟은 거대한 존재로 모든 자연과 교감하며 생명의 기쁨을 주관하는 그런 절대자의 모습이 '푸른 거목' 으로 형상화된 것으로 보인다. 즉 인간과 자연 그리고 뭇 생명들의 순환과 생멸을 관장하는 그런 존재, 모든 것보다 높으며 또 모든 것 속에 내재하는 그런 분, 상대적 세계를 초월하는 절대적인 존재가 바로 이 시의 푸른 거목이라 볼 수 있다. 뭇 생명들은 바로 이 우주적 존재의 활동 속에서 나타났다 사라지는 그런 존재일 수밖에 없지만, 그의 존재를 인식하고 그의 선한 활동을 겸허하게 받아들이면 시련을 극복하고 기쁨의 꽃을 피울 수 있다고

보는 것이다. 이런 절대자의 존재가 비교적 선명하게 드러나는 시는 「빈 그네」다.

모든 것이 내 것인 양
발 구르며 하늘을 오르다가
딴 세상에 머무네

언제나 당신은 빈 그네처럼
흔들며 돌아가는 소용돌이

답답할 때
외롭고 힘들 때
내 곁에 당신이
당신이 있었는데

텅 빈 쇳소리가
하늘을 허우적거려도
세찬 바람이 불어와도
거기 머물러 있는
따뜻한 숨소리

멀어졌다가 되돌아오는

당신의 온기

—「빈 그네」 전문

이 시에서 당신은 소용돌이처럼 순환하는 자연의 섭리 속에 내재하는 절대자이다. 그 절대자는 멀리 있거나 냉정하고 변덕스런 폭군과 같은 그런 존재가 아니다. 내가 답답하고 외롭고 힘들 때 늘 내 곁에 함께하며 위로해 주는 존재이고 세찬 바람과 같은 시련 속에서 아우성치고 몸부림치는 나를 듬직하게 지켜주는 정겹고 따뜻한 존재이다. 그는 이런 절대자에 대한 믿음 속에서 자신이 겪는 장애인의 고통과 시련에 절망하지 않고 이를 이겨낼 수 있었다. 그는 '올해의 장애극복상' 을 수상하면서 가진 언론과의 인터뷰에서 장애인의 고통과 절망을 이겨낼 수 있었던 계기를 다음과 같이 설명했다.

"가족들의 위로가 컸지. 특히 우리 집사람이 위로해 주고, 힘을 주고, 그랬지. 또 퇴원하자마자 집사람이 나를 기도원으로 데려갔어. 거기서 1주일 동안 얼마나 울었는지 몰라. 거기서 하도 울어서 내 장애의 2/3는 거기에서 극복했던 것 같아. 나머지는 살아가면서 이겨냈지만."

그는 절망과 좌절을 겪지 않는 초인이 아니다. 평생 군인으로 살아온 그가 어쩔 수 없이 군복을 벗어야 했을 때는 죽고 싶을 정도의 좌절을 겪었다고 한다. 하지만 그는 아내와 어머니의 헌신과 기도 그리고 자신의 삶을 통해 일하시는 절대자의 의지를 읽고 이에 순종하면서 장애인운동가로 거듭났다. 그는 중도 장애인이 되었지만 장애인이 절망하지 않아도 되는 그런 세상을 만들기 위해 안간힘을 다해 헌신하고 있다. 그는 고통과 절망 속에서도 자신을 지켜주고 사랑해 주는 가족과 이웃 그리고 절대자에 대한 굳은 믿음으로 절망을 이겨냈다. 그렇기 때문에 지금도 고통과 절망 속에 있는 이웃을 잊지 않고 그들에게도 누군가의 사랑에 대한 믿음을 가질 것을 말한다. 「담쟁이의 변」에서 그는 자신처럼 좌절과 고통으로 가슴이 무너진 존재를 말라버린 담쟁이로 빗댄 뒤, 시련 속에 힘겹게 살아가고 있어도 누군가의 사랑은 반드시 있음을 말하면서 아직도 애타게 사랑과 도움을 갈구하는 사람이 바로 우리 자신은 아닌지 묻는다.

너무 많은 것을 말하고
너무 많은 것을 아끼다가
가슴이 허물어져
말라버린 담쟁이
말없이 밤낮 없이
담벼락을 오르고 있어도

너를 사랑하는 이 있다
분명 있다

봄, 여름 갈증에
한줄기 빗줄기로
어른거리는 당신은
담쟁이 맞나요?

—「담쟁이의 변」 전문

그에게 시는 사회적 자아와 내적 자아를 합일시키는 치열한 자기승화의 장이 아니다. 그에게 시란 사회적 존재로서의 무거운 짐에서 벗어나 자신의 내밀한 자아를 마주하게 해 주는, 사회적 존재로부터 해방되어 내적 평화와 자성의 인격체에 이르는 촉매이다. 그래서 이번 시집에서 확인되는 그의 모습은 개인적 성찰과 가족에 대한 지극한 애정 그리고 자신의 삶속에서 늘 일하시는 신의 섭리에 순명하는 그런 모습이다. 치열하게 앞만 보며 달려온 그가 이제 칠순의 문턱에서 잠시 멈추어 자신의 지난 삶을 되돌아보며 가족애와 신앙을 통해 참된 안식을 준비하는 건 그의 연륜으로 보아 자연스러워 보인다. 하지만 그 안식이 사회적 자아와 지나치게 분리될 때 참된 안식이 진정으로 가능할지 의문이 든다. 그의 사회적 활동은 여전히 계속되고 있기 때문이다. 따라서 그의 사회적 삶이 그대로 시에 배어나는 것이 오히려 자아의 정체성과도 일치하고 또 시의 긴장감과 완결성도 높일 수 있는 길이 아닐까 하는 생각이 든다. 물론 시를 장애인운동의 구호로 채우라는 그런 소박한 주문이 아니다. 오히려 현실과 괴리된 채 시의 존재 자체로만 만족하려 할 때 구체적 현실의 다양한 모습이 지나치게 추상화되거나 내면화 되는 위험성을 지적하고자 하는 것이다. 문학이란 결국 지금 이곳에서 작가의 구체적 현실에 대한 나름의 답변일 수밖에 없기 때문이다. 앞에서도 말했듯이 구체적 현실과의 긴장감을 잃어버린 시는 시인 스스로 아무리 '홍운탁월'의 중요성을 말한다 해도 예리한 촉수가 살아있는 시어를 생동감 있게 보여줄 수가 없다. 내적 자아의 안식 또한 현실적 질곡을 외면한 데서 오는 것이 아니라 그 질곡에 적극 저항하는 불타는 정념으로 비로소 가능해진다. 그의 시 중 일부가 시적 긴장감을 잃어버린 채 소박한 바람을 동어 반복하는 듯한 느낌을 주는 것도 바로 그런 이유, 즉 적극적 저항의 파토스에서 비껴있기 때문이라 생각된다. 따라서 자연스레 나이가 들더라도 삶의 예지가 살아있는 그런 시로 나아가기 위해서는 지금 자신의 사회적 삶과 일치하는, 구체적 생활과 밀착된 그런 생활시를 지향하는 것도 한 방법이 되리라. 「가는 세월」은 이런 점에서 시사하는 바가 크다.

이순의 끝자락에 있으면서
지천명 나이로 착각하고 산다

쉬어라, 쉬면서 해라
눈물 흘리며 호소하는
당신 목소리에
잠 깨어 보니

아침 여명도
비바람에 흔들리고 있다

아서라, 가는 세월 잡을 수 없는 법
세월로 사는 것이 아니다
지금을 아름답게 사는 것
그것이 나의 세월이다

—「가는 세월」 전문

개인적 안식에 머무르지 않고 지금을 아름답게 살아가는, 나이를 잊은 채 뜨겁지만 부드러운 예지로 제어되는 그의 열정적 삶이 시에 그대로 우러나는, 그의 새로운 비약을 우리 모두 기원해 보자.